Sebastian Stoner

Vater Meiner

Gedichte zum Abschied von meinem Vater

www.tredition.de

Verlag und Druck:
tredition GmbH, Halenreie 40-44, 22359 Hamburg

ISBN
Paperback: 978-3-347-38341-8
Hardcover: 978-3-347-38342-5
e-Book: 978-3-347-38343-2

Papa © Sebastian Stoner

31.01.2021

Wenn ich an Dich denke,

wird mein Herz ganz weit und still.

Rauschend kaltes Wasser über

felsigen Untergrund.

Ganz tief unten find ich Dich,

Du Goldfisch meiner Seele.

Hell und Stark bläst Du mich an,

und alles was war wird klein und arm.

Du König meiner Träume steigst empor,

und bringst die Sonne,

den Mond, die Sterne hervor.

Purpurner Staub sinkt nieder,

alle Kinder singen Lieder,

und schauen nach oben und warten.

Doch er mischt noch seine Karten.

Ein Herz-Bube für Dich,

eine karierte Dame für mich.

Endlich ist es soweit,

Friede und Freude schwingen wie Wellen,

dorthin wo Du bist,

mit all Deiner Güte und Schönheit.

Mein Vater © Sebastian Stoner

31.01.2021

Heute soll es so sein,

heute ist niemand klein.

Liebe, Hoffnung, Zuversicht und
Zeit,

ganz viel Zeit erstrecken sich
übers ganze Land.

Drum vertraue auch Du,

denn das wünsche ich Dir.

Ich schick Dir einen schwarz-
weißen

Tischtennisball hinauf und

Du malst ihn an in Regenbogen-
farben

und lässt ihn fallen, tief in mein
Herz hinein,

damit sich meine Augen zu bunten, strahlenden

Diamanten fügen und all das Gute und Schöne,

in der Welt, in der Natur, in den Menschen,

den Tieren, in Dir und Gott sehen.

Am Sonnstein zwischen den Stämmen

und grünen Federn erblickte ich Dich,

doch nicht zum ersten Mal

und ich sagte spöttisch: Da wohnst Du also!

Dann war es um mich geschehen und

ich nahm Dich auf in mein Herz.

Ich habe die Liebe meines Le-
bens gefunden

und komm, nein, ich will nicht
mehr los von ihr kommen,

für jetzt und alle Ewigkeit.

Vorbei die Hast, seit du bei mir
bist als Gast.

Ein Gast, wie ein König und er
lacht!

Niemand kann Dich des Landes
verweisen und

Du machst mich und viele andere zu Waisen.

Ein einfaches Danke genügt
und schon wird es

hell und die Engel singen.

Die Steine werden immer mehr,

und weich und flaumig und fallen herunter wie

Schnee, warmer Schnee.

Weiß wie Elfenbein, wertvoll wie
Seide,

nahrhaft wie Brot.

Alles tief in meinem Schlund,

sinkt es hinab in meinem Grund,

und bleibt dort wohl behütet,

bis ich es brauche und dann ist
es da,

und er überkommt mich,

die Schönheit und der Grund
meines Daseins.

Gefüttert habe ich den weißen
Wolf mit

Hoffnung, Zuversicht und
Gnade.

Den schwarzen habe ich nicht
beachtet,

aber der weiße wurde größer
und größer,

und erfüllt mich mit Liebe,

die den schwarzen nicht mehr
sieht.

Wo ist er hin?

Doch auch er ist wichtig, sonst
sieht man den

weißen nicht!

Stille und Weite braucht das
Licht.

Der Meister © Sebastian Stoner

01.02.2021

Mein Kind,

am Morgen sollst Du nicht verzagen,

er wird auf Dich achten,

bei Tagen und bei Nachten.

Lass den Träumen freien Lauf,

so wie das Wasser fließt bergauf.

Sei ruhig neugierig und stell
hundert Fragen,

der Wind schickt dir die Antwort
tief hinein,

Du brauchst nur lauschen und

Dich nicht mehr plagen.

Die Klappen zu, und Vertrauen kommt

von oben tief in Dich rein.

Glaub an Dich und Du wirst sehen,

wie mit sanfter Güte sich Dein
Herz vermehrt,

und Lebenssaft die Adern färbt,

so dass Du Kraft hast für den
Tag,

egal, was auch passieren mag,

am Abend bist Du im Paradies,

und träumst den Traum des Le-
bens,

denn Träume und Lachen sind
des

Meisters Elixier.

Die Brücke © Sebastian Stoner

03.02.2021

Auf der Brücke,

gebaut aus kaminroten Tonqua-
dern,

sitzt er und lauscht, der spiegel-
glatte,

dunkle Kanal zieht seinen Weg
unten durch.

Von Stadt zu Stadt durchsteift er
die Fläche,

gewidmet dem Schönen, dem
Futter, der Erde,

zum Sehen, zum Hören, zum
Spüren,

zum Riechen und zum Schme-
cken.

Wer kann er sein?

Der Ziegel, der Fluss, der Wein-
stock, das Brot?

Bilder erscheinen vor seinen zu-
geklappten

Scheinwerfern, so deutlich und
klar wie nie zuvor.

Und sie weisen ihm den Weg.

Die Kompassnadel, tief im Inne-
ren,

lässt er drehen, wie die Kugel
so grün und blau,

am Himmel ein Licht, gemacht
um zu folgen.

Doch halt!

Letztes Jahr war es doch ganz
wo anders,

doch jetzt ist es ganz klar, und
scheint und scheint.

Wie ein Magnet, das beide Pole
in sich trägt,

und doch an diametrisch ange-
ordneten Seiten.

Doch, er ist es!

Das Geschenk © Sebastian Stoner 03.02.2021

Am Berg steht ein Prophet und schreit,

doch keiner hört ihn, doch einer,

aber der ist nicht aus seinem Land,

und auch nicht aus seiner Familie.

Er hört ihn zu und schenkt ihm Beachtung,

die Worte durchdringen ihn,

doch eines bleibt haften.

Nein, zwei oder gar drei.

Danke, Liebe, Hoffnung!

Er geht weiter, und schon ist er da,

am holprigen Weg, Wasser mit
Erde vermischt,

zu einer Masse, liegt es da.

Das Herz, leicht rosa schim-
mernd.

Er beugt sich hinunter und will
es greifen,

faustgroß ist es, und er freut
sich.

Es ist ein Stein für jedermann,

für ihn ist es aber ein Zeichen.

Er ist ihm zu gefallen, und liegt
schon Jahrzehnte,

wenn nicht sogar Jahrhunderte,

nein tausend Jahre dort.

Doch keiner beachte ihn,

da wurde das so lustige,

quitsch vergnügte Herz zu Stein.

Bis es einem traurigen, suchenden Wesen,

Freude bereitet und zum Licht, zur Hoffnung,

zur Zuversicht wurde.

Jetzt ist es tausend Mal mehr Wert,

als Gold und Diamant und es lebt weiter,

durch die Berührung.

Ein Geschenk, so wie jeder Tag des Herrn.

Darum lasst uns nicht Trübsinn blasen,

denn das Glück liegt auf der Straße.

Bloß, mach nicht den Fehler es zu suchen,

es springt dich an, wenn Du bereit bist,

und es erkennst.

Heute ist es ein Stein, morgen ein Baum,

übermorgen ein Stern.

Ein Stern am Himmelszelt und er strahlt!

Nur für Dich, von der Wiege bis zur Bahre.

Das ist das Wahre!

Das Kind © Sebastian Stoner
08.02.2021

Flocken fallen her nieder und
schmelzen klar,

glitschig auf 77 Grad schrägen
Glas.

Es ist das Dach zum Himmel,

es öffnet sich und zeigt Fragmente unseres Bauplans.

Ein Bild aus Genen, die beweg-
lich sich verändern,

aus Groß wird Klein, eins
rutscht hinein,

drei Kleine werden ein Ganzes.

Ständig in Veränderung, mit jeder neuen Gottesfrucht,

ein neues Bild.

Stille und doch schwingt das Herz,

und verrät jedes auch noch so tiefe Geheimnis.

Doch halt. Was heißt gemein?

Die Worte schwimmen am See,

tief unten auf kleinen Segelbooten.

Dein Hauch, ein Windchen treibt sie an,

und so fügt sich ein Wort zum nächsten.

Und es werden Sätze daraus,

Sätze geschrieben auf Dunst, manchmal Nebel.

Es atmet. Er atmet.

Ein, das Boot fährt vor und Aus zurück.

Doch halt was ist das für ein Wort?

Was ist das für ein Satz?

Den kenne ich noch gar nicht!

Tief unten, wo die Dunkelheit wieder zu Licht wird,

erleuchtet von phosphorizieren-den Fragmenten,

die sich im schrägen Glas spie-geln,

freigesetzt durchs Licht.

Erinnerung, sie ist da. Er ist da.

In der Mitte wird es warm,

durch die Reibung der Worte,

und es entsteht Energie.

Eine weiße, eine warme.

Oh Du Geborgenheit, da ist es das Kind.

Es spielt im Schnee und freut sich über

jeden einzelnen Flocken, der auf seine Nase fällt,

und ihn zart küsst, mehr braucht es nicht!

Jetzt ist die Scheibe zu!

Einfach weiß und undurchsichtig,

zu viele Flocken drängen sich um einen Platz.

Vorbei, aber tief drinnen am See,

im Regenbogenland entsteigen
wieder neue Flocken,

und werden zu Wolken, ach wie
schön!

Die Scheibe ist wieder klar und
durchsichtig,

und bereit für neue Fragmente,
die sich fügen,

und ein Ganzes werden.

Immer wieder und immer wieder,

immer wieder neu und doch
ganz anders.

Drum habe Mut und Zuversicht,

denn nichts ist so wie es
scheint,

außer das Licht.

Es scheint immer in der gleichen Intentsität,

und Hoffnung kommt.

Krähen ziehen vorbei, die schwarzen,

fast kaum zu sehen durchs löchrige, weiße Glas,

doch in den Kristallen alle Farben,

glänzend, die spektral und doch so fraktal schimmern,

im kalten Licht.

Im Herzen wird so aus Schwarz-Vogel und

Weiß-Flocke der Regenbogen,

bunt und lustig und vergnügt wie am ersten Tag.

Ein Wunder, was so ein Dach-
fenster zum Himmel

alles vermag.

Mach oh Herr, lass es bald wieder schneien,

da fällt das Blatt vom kleinen
Baum,

verdörrt und trocken,

und frischer Schnee auf dem
Glas,

das 77 Grad und 3 Minuten
frisch und

feucht den Bogen spannt im
Kreislauf der Natur.

Und ich dazwischen, wunderschön im Moment,

und freue mich.

Er freut sich, dass es Beachtung
findet,

und schickt mir seinen Wind,

fast wie Applaus und Lohn.

Doch der ist echt und wahr,

nimm es an!

Dann bist Du reich und wirst es
immer sein.

Kein Gold glänzt mehr, kein
Glück ist größer,

als der Augenblick und sein ge-
spürter Hauch.

Er ist da und schenkt dir seine
ganze Liebe!

Was er erschaffen hat, ist gut!

Er zeigt es Dir in jeden Augenblick,

erkenne es und seit achtsam,

dann war der Tag gelungen,

und die Nacht kann kommen.

Mit reinem Herzen und sanftem
Gewissen,

träumt auch der stärkste davon,

wie schön es ist, wie schön es
war,

ein Kind zu sein!

Mittag © Sebastian Stoner
08.02.2021

Vormittags, 2 bunte Steine auf dem Weg,

schwer und bunt, nachmittags, der klare leichte,

weiße Schnee.

Der Mittag hat´s geändert und so schließt sich der Kreis,

und der Tag war scheh!

Der Tag © Sebastian Stoner
08.02.2021

Das Land des Vaters im Osten,

das Land der Mutter im Westen,

der Vater schiebt die Sonne hinauf,

die Mutter sie hinunter.

Vormittags regiert der Vater,

nachmittags die Mutter.

Vormittags ist Zeit zum Schaf-
fen,

nachmittags der Lohn,

der Schoß zum Schlafen.

Anna © Sebastian Stoner

15.02.2021

Oh Anna, bitte verzeih,

dass ich nicht hörte Dein Ge-
schrei.

Ich wär noch so gern geblieben,

doch es war schon sieben.

Jetzt stehst du da vor mir,

zwei Flügel, weiß wie Elfenbein,

und siehst herab mit goldenen
Schein.

Ich vermisse Dich und bitte Dich
um Gnade,

ich war doch noch ein Knabe.

Doch eines hab ich immer ge-
wusst,

und oft daran gedacht,

dass du dort oben über mich
wachst.

Jetzt ist Dein Sohn bei Dir,

und i gspier, mir wird warm ums
Herz,

der ganze Schmerz, er ist vorbei.

Jetzt sind wir wieder Drei und
bitte verzeih.

Ich hier unten, Ihr da oben,

zieht die Fäden, auf all meinen
Wegen.

Und schickt mir Wolken, Sonne,
Regen,

und gebt mir Kraft, auch anderen zu begegnen.

Ich lasse los und vertraue Euch.

Ihr gebt mir Tanz, Musik und
Schwung, keuch.

Eingeschlossen, lässt Ihr mein
Herz pochen.

Beim Grab war´s heut beson-
ders schön,

den Engel setzte ich hernieder
auf den Stein,

heller Sonnenschein.

Am liebsten stünde ich jetzt
noch dort,

so nehme ich einfach das Bild
und trag es fort,

und speichere es bei mir an je-
nen Ort,

wo alle Farben strahlen,

wo Wachteln fliegen mir in den
Magen,

wo Milch und Honig fließt,

und Drachen sich daran laben.

So nehm ich´s mit egal wo hin,

schließe meine Augen,

sage Simsalabim und schon ist
es da,

wie all die Jahr und ein Gefühl
steigt in mir hoch,

wie damals unterm Baum mit
vielen Lichtern,

da ist wieder dieses Knistern,

als um sieben, es im Fernsehen
spielte,

die liebe Familie. Und du sitzt
neben mir.

So war es jedes Jahr!

So habt vielen Dank und ver-
gesst nicht,

an den Fäden zu ziehen,

sonst muss ich ewig knien.

Vor einem knie ich gerne nieder,

es ist der Herr, mein Gott.

Er kennt alle meine Lieder,

und spielt sie ab, wenn ich sie
brauch,

dafür bin ich unendlich dankbar,

und das weiß er auch!

Bald soll es wissen die ganze
Welt,

denn ich mache mein Leben,

wie es ihm gefällt.

Doch bin ich noch am Anfang,

und noch holprig unterwegs.

Er glaubt an mich und das stets!

Danke Gott und ich hoff,

so bald frägt mich keiner mehr,

wie geht's?

Er weiß es und das genügt.

Und Oma zieht den Faden
hoch,

grüß Gott und gute Nacht.

Der Papa lacht dazu und winkt,

da freut sich mein Kind.

So ist es Abend und der Tag
vorbei,

alles gut gegangen mit uns Drei.

Auf der Moaralm © Sebastian Stoner 16.02.2021

Da sitz ich nun, ich armer Wicht,

bei schlechtem Licht und schreibe nieder,

wie´s war auf der Alm beim Leader.

Durch tiefen Schnee zog´s mich hinauf,

erst langsam und dann fast schon im Dauerlauf.

Am See vorbei, den Berg hinauf,

Moni wartet schon mit dem Reisauflauf.

Doch oh Schreck, sie ist nicht da,

kein Mensch, ich bin ahlan.

Nur mein alter Freund ruft her-
über,

der Stoa, tief verschneit, im
Sonnenschein,

er ruft, du bist nicht allein!

Du hast doch mich, schau her,

ein Herz so groß, wie ausge-
schnitten,

zeigt er mir in der Mittn.

Da vergeht mir der Hunger,

und ich bleib no a bissal sitzen,

vor der Hittn.

I denk an eam und I kennt rean,

doch ans is gewiss und bleibt
für immer,

den Stoa und eam geb I so
schnell her,

nimmer!

Den Reisauflauf, den krieg i
überall,

nur das Gefühl, dort oben eben
nicht,

doch I ruf´s oah, ein Bild von
ihm,

und das bei schlechtem Licht.

Schön war´s ihn wieder zu sehen,

mach´s gut mein Freund,

ich danke Dir für alles,

und komme wieder!

Auf der Faber-Höhe

© Sebastian Stoner 18.02.2021

Mittags auf der Faber-Höh,

Glocken läuten, Hollahdriöh.

Stille, nur die Vöglein singen
ihre Lieder,

und die Sonne brennt hernieder.

Schließ die Augen, ich bin allein,

wünsch mir, einfach meine Ruh,

und dass mir wer hört zu.

Und schon schickt er mir ein
Paar,

so um die siebzig.

Ich find´s ganz witzig,

denen erzähl ich meine
Gschicht,

sie hören zu, wies schon immer
war.

Sie bestärken mich in meinem
Glauben,

dann verlier ich sie aus meinen
Augen,

doch Eins,

da bin ich mir sicher,

es gibt Dich, vertraue nur Dir,

denn Du bist mein ständiges
Geleit,

allein daheim und unter Leit.

Dafür möchte ich Dir danken,

all day long mit meinem Wort,

und in Gedanken.

Hasenzeit © Sebastian Stoner

18.02.2021

Vormittags saß ich am Badener-
Berg,

in der Höh, mucksmäuschenstill,

ich schloss die Augen,

dann konnte ich es fast nicht
glauben,

saß doch ein Hase neben mir,

ganz ruhig und gezeichnet wie
auf Dürrers Papier.

Aus Fleisch und Blut verweilte
er,

ich bewegte mich kaum,

es war so schön,

erlebt habe ich sowas bisher nur
im Traum.

Die Stimmung war so schön wie nie,

ein kurzer Ruck mit meinem Knie,

und schon wie ganz normal,

hoppelte der Hase ins Tal.

Auch er ist Dein Geschenk,

für mich und alle Welt!

Um vierzig Tage nur zu früh,

denn Ostern ist so spät wie nie,

doch für mich war's heut wunderschön,

den Hasen in Deinem Angesicht zu sehn.

So gib mir Kraft und steh mir bei,

dann sind wir zwei ein gutes
Team,

dass ich nur wünschen kann,

dieser Moment sollte für immer,

in meinem Herzen glühn.

Ich liebe Dich, Du Nummer
Eins,

ob als Hase, Bank oder Stein,

Du bist für immer Meins.

Dir folge ich und vertrau Dir
gern,

ich schau nach oben, horch in
mich rein,

und spür den Herrn!

Egal was der Kalender sagt,

und auch die Leit,

für mich war Ostern heit.

Schönfeld © Sebastian Stoner

18.02.2021

Ich streck die Arme Dir empor,

nichts ist so wie je zuvor,

Du machst mich reich und gibst
mir Sinn,

im Herzen mittendrin.

Keiner liebt mich so wie ich,

ich hör den Vater und seine Lieder,

damals als Kind in Schönfeld
beim Schifahren,

steht er plötzlich vor mir,

und erst jetzt weiß ich,

was er gemeint,

und freu mich sehr,

doch viel zu spät, hab ich ge-
weint!

Ich denk an Ihn, doch er kommt
wieder,

wenn ich höre, seine Lieder.

<u>Am Morgen</u> © Sebastian Stoner 20.02.2021

Wasser benützt man zum Gießen,

doch es soll fließen wie das Leben,

in unseren Adern, vom Anfang bis zum Ende,

gefärbt und ausgeborgt, vom heiligen Schein,

die Farbe Rot, im Sonnenschein.

Der Dunst, er steigt nach oben,

direkt durch das Licht und zeigt den Regenbogen.

Vom Schachbrett weht ein Hauch,

eckig wird rund und farbig auch.

Wenn wir am Morgen wachen,

brauchen wir nur zu pusten,

ein kleiner Husten, so wie er
auch,

wird's ganz bunt ums Herz und
auch im Bauch,

hurra, die Welt schaut gleich
ganz anders aus.

Die Last © Sebastian Stoner
20.02.2021

Nebelschwaden durchströmen
die Wipfel,

ich sitz am Gipfel,

hab all meine Schuld im Tal gelassen.

Morgens aus der Tür, ohne Ziel
dahin,

zu ihm und ließ mich treiben.

Plötzlich ein Kreuz, eine Bank,
hier will ich bleiben.

Packte meine Jause aus,

neben mir zwei Sportler im Dauerlauf,

Frau mit Hund, mein Pfeffer-
minztee ist gesund.

Als ich satt und ausgeruht,
dachte ich bei mir,

besuchst du ihn in seinem
Haus.

Dreißig Jahr ging ich vorbei,

doch damit ist jetzt Schluss,

Gott zum Gruß!

Drinnen fühlte ich mich gleich
wohl,

altbekannt und sehr vertraut,

hab ich doch dort schon gese-
hen,

so manche Braut,

dafür hat's bei mir noch nicht
gereicht,

aber wer weiß, vielleicht gibt's ja
eine,

die sich traut.

Dort wurde mein Haupt einmal
ziemlich nass,

ich hab geschrien, trotzdem
machte es Spaß.

Reinhard hörte ich und so
fortan,

war das mein Name vor dem
Herrn,

ein Leben lang.

Auch die Kommunion und Fir-
mung,

hab ich dort genossen, lang ist`s
her,

doch unverdrossen, hab´s ich
verdrängt,

und stattdessen Alkohol in mich
gegossen.

Beichte stand auf einer Leuchte
heute,

und ich dachte mir, warum denn
nicht,

wenn ich schon hier.

Fehler hab ich genug gemacht,

auf der Welt und auch in Baden,

doch meist zu meinem eigenen
Schaden.

Am meisten tut mir weh,

dass ich in den Bergen gesucht,

ein blaues Reh.

Gefunden habe ich ihn, dreißig
Jahre lang,

hab ihn vermisst und das tut weh,

doch heute hat er mir verziehen.

Alle Schuld ist nun gelöscht,

ich schau nach vorn,

und lass die Vergangenheit ziehen.

Wie der Nebel durch die Wipfel,

die Last ist weg, ganz einfach wie mit Regen,

braucht man das Wort nur rückwärts zu lesen,

und es entsteht ein neues, dankbares Leben.

Heimatpark © Sebastian Stoner

20.02.2021

Unten Lanner und Strauß,

in der Mitte, dreißig Schritte
bergauf,

thront der Mozart-Kopf,

doch war´s der Muse nicht genug,

ganz oben, schenk dem
Beethoven ein Ohr,

wohnt er in seinem Tempel.

All das fiel heut auf mich herab,

als ich mich auf einer Bank wollt
laben,

im Kurpark zu Baden.

Besuch © Sebastian Stoner
20.02.2021

Wenn mich wer besucht, von anderen Gebieten,

hör ich oft, hier stinkt´s nach faulen Eiern.

Da sag ich, das ist der Schwefel,

der kommt vom Teufel, der ist beim Feiern.

Doch Schluss damit, ich führ ihn weiter,

und lustig und heiter geht's ab zum Rosengarten,

dort wird er warten.

Schon duftet die Muse, die Inspiration,

und Hingabe all der schönen
Sachen,

die er in Zukunft wird machen.

Dichten, malen, musizieren,

mit Mensch und all den Tieren.

Das wird dem Teufel zu viel,

und entzieht sich dem Spiel.

Mit neuen Hosen wird aus
Schwefel plötzlich Wasser,

klar und rein, wie seine Seele,
auch der Verstand,

duftet und die anderen werden
blasser.

Und aus dem Schwefelkind von
einst,

ein Rosenkavalier der alten
Schule,

mit viel Humor und guten Taten,
lässt er die Damen heut auf sich
warten.

Augenblick © Sebastian Stoner

20.02.2021

Das eine Auge sehr viel sieht,

doch es ist nicht zu fassen,

und man glaubt es kaum,

das andere Auge einen Millime-
ter mehr,

und schon ist man im Raum.

Er fügt hinzu nur eine Zahl,

aus der Fläche wird´s drei-di-
mensional.

Im Raum lässt´s sich viel besser
zeiten,

Alberts Theorie und Motiv,

greif nach den Sternen,

dann wird alles relativ.

Raum und Zeit sind dir gegeben heut,

drum fang was damit an,

das ist der Unterschied zu anderen Leut.

Doch nicht gezwungen und verbissen,

am Ende ist es doch nur Wissen.

Wie jeder weiß ist das vergänglich,

doch Gott, den hast du lebenslänglich.

Drum liebe und danke ihm täglich,

denn ein Leben ohne Glaube ist kläglich.

Erst das Träumen und die
Phantasie,

geben Dir die Magie.

Viel zu spät hab´s ich erkannt,

im Kopf ist das wahre Abenteu-
erland.

Das ist das, was wirklich macht
Spaß,

auch ohne Alkohol und Pulver,

du brauchst ihn nur zu loben,

und schon kommt die Gesund-
heit von oben.

<u>Der Zug</u> © Sebastian Stoner
25.02.2021

Heute ist mir gar nicht zum Lachen,

darum schreib ich tiefdunkle Sachen.

In der Früh aus dem Haus, ge-
radeaus,

ich kann es kaum fassen,

aber der Zug sollte mir mein Leben lassen.

Doch dann kam er in mein Herz,

allein am Hügel in der Sonne,

alles Eitel Wonne,

nahm ich sein Buch und las und
eines ich vergaß,

das ich ihn jetzt hab,

und er mich bewahrt vor sol-
chen Taten,

die ich niemanden würd raten,
ich bin so froh,

dass es ihn gibt.

Oh Herr, bitte verzeih,

dass ich daran gedacht,

mich fast umgebracht,

doch der Schmerz sitzt so tief,

trotzdem ich nicht lief.

Doch wie ich den Zug so sah,

dacht ich wie wunderbar,

vor Monaten bracht er mich
noch ins Leben,

und jetzt sollt`s ich ihm wieder
geben.

Nein, Nein, mein Freund, das kann nicht sein!

Wegen unbezwingbarer Feinde mit Schwert,

auf keinen Fall, das ist es nicht wert.

So bin ich froh, wenn ich hier sitze,

dass es ist vorbei mit der Entgleiserei.

Doch auch das darf sein, bei hellem Sonnenschein.

Ich sage Danke, lieber Gott, mein Herr,

und denk zurück vor 30 Jahren,

als über Jahre hinweg das waren meine Sorgen.

Das zu erinnern tut gut,

denn es erstickt die Wut.

Er hat`s gegeben und ich bin
immer noch am Leben.

Also Schluss mit der Grübelei,

das ist gegessen und auch der
Tag vorbei.

Über dem Bild vom Papa ein
grüner Streif,

sagt mir, zu sterben bin ich noch
nicht reif.

Jetzt wird mir ums Herz gleich
sehr viel leichter,

ein Hauch von ihm und schon
wird's schmerzlich

seichter.

Wir werden uns schon wieder
sehen,

doch da können ruhig noch ein
paar Jahr vergehen.

Im Herzen bist du ohnehin,

herausgeholt zur richtigen Zeit

ein Bild von dir,

ein Glaube an mich und weiter
geht's dahin.

Bitte verzeih, dass Du mir damals oft warst einerlei,

und ich Dir bereitet großen
Kummer,

das Herz und auch der Mund
werden immer stummer.

Bitte befrei mich doch davon,

er weiß wie ich`s bereu,

und mach meinen Mund wieder
frei.

Das kannst nur Du, wie sonst
keiner,

denn Du warst und bleist der
Vater meiner.

Du hast mich gelehrt zu spre-
chen,

zum Witze machen bis zum Erb-
rechen.

Ach wär es schön, jetzt hab
ich´s grad gesehn,

als Du einmal sagest,

Reinhard, der Humor darf Dir
nie vergehn.

Auch den hast du mir gelernt,

wie so viele Sachen.

Ach Papa, ich vermisse Dich,

lass mich doch wieder lachen.

Deinen Humor wollt ich doch er-
ben,

lass mich nicht sterben!

Jetzt sah ich Dich grad lachen,

das gibt mir Trost,

früher hätten wir gesagt: Prost!

Doch auch das ist lang vorbei,

und was den Alkohol betrifft,
dieses grausliche Gift,

warst du mein größtes Vorbild
jederzeit,

Du hast mich davon befreit.

Papa, ich liebe Dich,

auch werde nie vergessen,

was Du alles hast getan für
mich,

in all den Jahren.

Hab Geduld mit mir,

damit ich kann, das Leben wieder voll bejahen.

Zum Schluss sag ich Danke,

dass der Zug ohne mich gefah-
ren.

Dass Du mir den Tag heute hast
gegeben,

und mir zeigst, wie schön es ist,
das Leben!

__Einsamkeit__ © Sebastian Stoner
26.02.2021

Finsternis, Stille, Engelsklang,

er kam, gesagt, getan, ich bin
einsam,

da ist der Schwan, von Ihm ge-
schickt,

dass er mich erfreut und be-
glückt.

So geht's mir jedes Mal, wenn
ich wo sitze,

in Einsamkeit und Qual, der
Herr er schickt zu mir,

ein seltsames Tier.

Mal ist´s ein Hase, mit frecher
Nase,

eine Ente, ein Rabe,

dann wieder eine Maus mit ihrem Gehabe.

Von diesen Wesen lern ich viel,
echt und unverfälscht,

geleitet vom Instinkt, ganz ohne
Ziel.

Des einen Furcht, des anderen
Schreck,

erfüllen sie doch alle ihren
Zweck.

Ihnen ist´s egal, was du hast o-
der bist,

Opti- oder Pessimist,

sie nehmen dich ganz befreit
von List.

Und schenken Dir, mit ihrem
Sein im Jetzt und Hier,

das Gefühl, er ist bei Dir,

drum freu Dich und mach daraus einen Reim,

so bist du nicht mehr so allein.

Gottes Segen © Sebastian Stoner 26.02.2021

Es rinnt die Zeit in engen Gassen,

ich kann es gar nicht fassen,

schon wieder ist ein Tag vorbei,

gestern gefangen, heute frei.

Doch was ist das für ein Geschenk,

was kann ich damit machen,

zur Zeit ist´s grau und finster,

kurz mal hell, vielleicht kann mal wer,

vielleicht sogar ich, darüber lachen!

All die Verse, die ich jetzt schreib,

vielleicht einmal erfreuen und beglücken,

jemand anders, zu einer schweren Zeit.

Das würde mich sehr freuen, den Sinn geben,

wenn ich einmal mit diesen Worten könnt ermöglichen,

wem anderen ein besseres Leben.

Dafür bekomme ich aber Gottes Segen!

Gottes Lohn © Sebastian Stoner 26.02.2021

Des Künstlers Lohn ist anfangs oft nur ein Hohn,

doch gibt er sich dann der Muse hin und all ihren Taten,

von Ihm und durch Ihm beraten,

lässt er fließen seine Texte und Lieder,

spendet leis er den Applaus und lässt sich nieder.

Damit auch andere sehen, dass es Ihn gibt,

Kopf nach oben, nach unten schauen nur müde Krieger.

Wie herrlich es doch ist, säumt man nicht nur seine Frist,

sondern bringt Gutes in die
Welt,

das so manchen, aber ganz be-
sonders Ihm gefällt.

Er wird's Dir danken, damit du
nicht musst,

soviel zanken und hadern mit
dem Leben,

ein schönes Lied,

ein freundliches Lächeln, Sonnenschein,

selbst Du kannst dann den
schmutzigsten Boden fegen.

Vorbei das Streben nach materi-
ellem Besitz,

und Germknödel mit Mohn, ich
esse Brot,

und arbeite für Gottes Lohn.

<u>Gelassenheit</u> © Sebastian Stoner 26.02.2021

Es öffnen sich die Schleusen,

und es rinnt mit voller Kraft, der rote Saft,

vom Herzen ins Gehirn, und ich frage mich erneut,

was wichtiger ist von beiden heut,

damit ich nicht so viel Leid.

Hast du ein Herz so rein,

wie frisch gewaschen, ist´s egal,

mit vollen oder leeren Taschen,

was du weißt, er wird´s Dir geben,

was Du brauchst und einen guten Geist.

Drum sollst du nicht verzagen,

nach oben schauen, in Dich fragen,

dort steht´s geschrieben,

heut bist du nicht die Neun,

sondern die Sieben.

Zwei weniger als gestern,

doch schöner ist´s mit all den
Brüdern und Schwestern.

Mach auf das Herz und lass es
strahlen,

dann brauchst Du auch mit
schlechten Gewissen,

nichts zu zahlen.

Einfach Danken und sich erfreun,

es wird ein schöner Tag,

mit allen zusammen,

oder nur mit Ihm allein.

Des einen Freud, des anderen
Leid,

heut ist Zeit für mehr Gelassen-
heit.

Tell © Sebastian Stoner

26.07.2021

Er kann es gar nicht fassen,

er eilt durch hohle Gassen.

Man nennt ihn Wilhelm Tell,

vielleicht ist es deshalb so
schnell.

Wie schon bei Schiller beschrie-
ben,

rennt er wie vom Teufel getrie-
ben.

Er ist nicht auf der Flucht,

denn er sucht und sucht und
sucht.

Doch was nur will er finden?

Vielleicht die kleinen Blümchen
zum Binden.

Ein Strauß aus kleinen Glücken,

macht ihn schließlich zufrieden
aus freien Stücken.

Plötzlich wird er langsam und
gelassen,

er nimmt das Leben wie es ist,

so dass die Probleme ganz
schnell verblassen.

Der Baum © Sebastian Stoner
30.07.2021

Der Baum, der mir das Leben rettete,

mich sanft zu Boden betete,

steht für alle Pflanzen dieser Erde,

darum, ab sofort ich werde,

sie achten und schätzen, bis ans End.

Wäre er nicht gewesen,

ich wäre nicht mehr da als dieses Wesen,

das ich bin und war.

Ohne meinen Schutzengel,

nein, es waren bestimmt viele,

bräuchte ich nicht mehr schmie-
den,

irgendwelche Ziele.

Drum freue ich mich über jeden
Tag,

und betrachte ihn als Geschenk.

Dankbar bin ich jede Minute,

schau nach vorn und glaube an
das Gute.

Der Baum, er dient mir als Zeichen,

falls es mir einmal nicht so gut
geht,

denn wer gesund ist, zählt zu
den Reichen.

Die Einbahn © Sebastian Stoner 03.08.2021

Die Einbahn führt nur in eine Richtung,

das beschreibt auch meinen Lebensweg

und auch meine Dichtung.

Den Weg, den ich meine,

kommt meist von ganz alleine.

Geh stets nach vorn, und wenn zurück,

dann nur um Anlauf zu nehmen

zum Sprung ins Glück.

Als ich sah heut diesen bunten Schmetterling,

macht es in meiner Kasse kling kling.

Meine Kasse ist nicht gefüllt mit
Geld,

davon gibt es genug auf dieser
Welt.

Sie ist gefüllt mit vielen kleinen
Dingen,

die mein Herz zum Schwingen
bringen.

Das kann das Lächeln der sonst
so

unfreundlichen Nachbarin sein,

ein schnurrendes Kätzchen,

oder einfach nur der Sonnenschein.

Das Einbahnschild bewegte
mich zu diesem Gedicht,

mehr fällt mir heut nicht ein,
drum hör ich jetzt auf,
mehr weiß ich nicht.

Zeitfracht Medien GmbH
Ferdinand-Jühlke-Straße 7
99095 Erfurt, Deutschland
produktsicherheit@kolibri360.de